¡Los dachshund también se enferman de diabetes!

Escrito por
Sandra San Miguel
D.V.M., Ph.D.

Ilustrado por
CA Nobens

PURDUE
UNIVERSITY

NIH SEPA

This Is How We "ROLE"

Inspiring Future Veterinarians

¡Los dachshund también se enferman de diabetes!

Escrito por: Sandra San Miguel, D.V.M., Ph.D.

Ilustrado por: CA Nobens

Agradecimientos

El contenido de este libro fue revisado por Catharine Scott-Moncrieff M.A., Vet. M.B., M.S., DACVIM, DECVIM; Andrea Goldyn, M.D., DABP; Amy Wackerly B.S. (Ciencias del deporte), B.S. (Educación); Ann Mennonno, M.S; Alejandro Cuza Ph.D.; y Adrianne Fisch B.S. (Ciencias del consumidor). El diseño del libro fue creado por Allison Carey, B.A. (Bellas artes). Las fotografías fueron proporcionadas por Seth Bossingham, Vincent Walter y la Fundación Nacional de Mamíferos Marinos. Traducido por Mauricio de Gortari D.V.M., M.Sc., Ph.D. y Julio César López Otero M.A. Quisiéramos agradecer también a Peter Froehlich, el director de Purdue University Press y a su equipo, Katherine Purple, Bryan Shaffer, Alexandra Hoff, Kelley Kimm y Becki Corbin.

Resumen

La diabetes mellitus o "diabetes del azúcar" puede afectar a las personas y a sus animales.

Este proyecto está respaldado por un Science Education Partnership Award (SEPA) de la Oficina de Programas de Infraestructura de Investigación (ORIP), un componente de los Institutos Nacionales de la Salud (NIH). Su contenido es responsabilidad exclusiva de los autores y no representa necesariamente la visión oficial de la ORIP ni del NIH.

NIH . . . *Turning Discovery Into Health*

ISBN 978-1-62671-068-9

Aprende más sobre este proyecto:
www.WeRoleLikeThis.org

Purdue University Science Education Partnership Award (SEPA), NIH

Contenido

¿Qué es la diabetes?

El nombre científico completo de la diabetes es "diabetes mellitus" o "diabetes dulce."

Cuando usted ingiere alimentos, el alimento se convierte en azúcar que le da energía a su cuerpo. El azúcar viaja a las diferentes partes de su cuerpo en su sangre así que lo llamamos "azúcar sanguínea." El nombre científico de "azúcar sanguínea" es la glucosa sanguínea.

Su cuerpo está compuesto de partes diminutas llamadas células. Usted tiene células cardíacas, células musculares, células de la piel—cada parte de su cuerpo tiene su propio tipo de célula. La glucosa tiene que llegar adentro de sus células para darles energía.

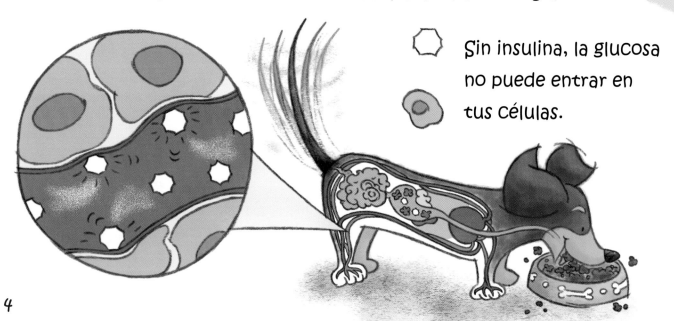

Sin insulina, la glucosa no puede entrar en tus células.

Pero con la ayuda
de la insulina, la
glucosa sí puede
entrar en tus
células.

Imagine que sus células son máquinas diminutas que necesitan baterías para trabajar. Las baterías son la glucosa. La insulina es la llave que abre las puertas para que usted pueda poner las baterías dentro de la célula.

A veces hay problemas y la glucosa no puede entrar a sus células. La glucosa se acumula en su sangre y usted puede tener una subida de azúcar sanguínea. A esto se le llama diabetes.

Existen diferentes tipos de diabetes. En este libro, nosotros vamos a aprender acerca de dos tipos de diabetes que la gente y sus animales pueden padecer. Recuerde: Aún cuando la gente y sus animales pueden padecer de diabetes usted no le puede transmitir la diabetes a su mascota y su mascota no le puede transmitir a usted su diabetes.

Diabetes Tipo 1 y Tipo 2

El primer tipo de diabetes se llama diabetes Tipo 1. La diabetes Tipo 1 se presenta cuando su cuerpo no produce insulina de manera que las puertas de la célula no se pueden abrir para que entre la glucosa. Los niños, los perros y hasta los gatos pueden tener diabetes Tipo 1. No hay nada que los niños o los animales puedan hacer para que tengan diabetes. Esta se presenta espontánemente.

El segundo tipo de diabetes se llama diabetes Tipo 2. La diabetes Tipo 2 se presenta cuando las células no tienen puertas suficientes para dejar entrar a la glucosa o la llave de la insulina no sirve para abrir la puerta. Esto sucede a veces en adultos, vacas y gatos.

Síntomas de la diabetes

La gente y los animales que tienen diabetes tienen hambre todo el tiempo, comen muchísimos alimentos pero aún así pierden peso.

La gente y los animales que tienen diabetes también están sedientos todo el tiempo así que beben mucho. Ellos también orinan mucho por estar bebiendo tanto.

Usted debe ver a un doctor si usted o su animal tienen síntomas de diabetes. Usted verá a un doctor de humanos o médico.

Usted llevará a su mascota con un doctor de animales o veterinario.

¿Qué sucederá en la consulta del doctor?

Si usted tiene síntomas de diabetes, su médico le podría preguntar:

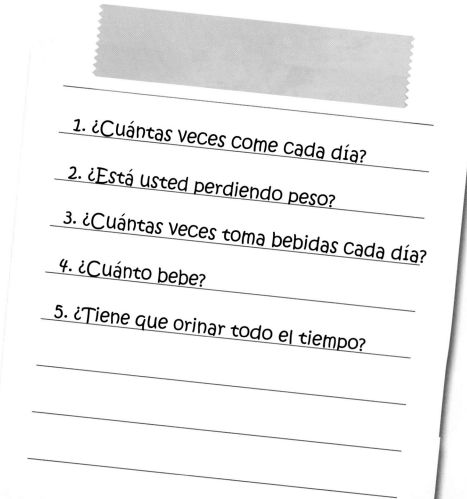

1. ¿Cuántas veces come cada día?

2. ¿Está usted perdiendo peso?

3. ¿Cuántas veces toma bebidas cada día?

4. ¿Cuánto bebe?

5. ¿Tiene que orinar todo el tiempo?

Si su mascota tiene síntomas de diabetes, su veterinario podría preguntarle:

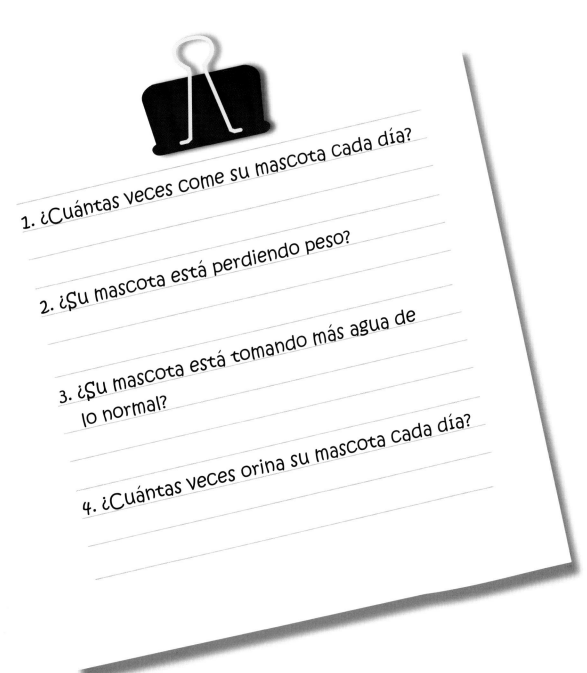

1. ¿Cuántas veces come su mascota cada día?

2. ¿Su mascota está perdiendo peso?

3. ¿Su mascota está tomando más agua de lo normal?

4. ¿Cuántas veces orina su mascota cada día?

Luego, el doctor podría verificar algunas cosas.

El doctor le hará un examen de salud a usted o a su mascota.

El doctor podrá obtener sangre para ver si hay mucha glucosa en la sangre. A veces el doctor podría necesitar verificar la glucosa en la sangre varias veces. La primera vez será cuando usted o su mascota no hayan comido por algún tiempo. El doctor también puede verificar la glucosa después de que usted o su mascota hayan ingerido una comida substanciosa o tomado una bebida azucarada.

¡SLURP!

¿Qué pasa si tengo diabetes o mi mascota tiene diabetes?

La diabetes puede ser controlada al utilizar insulina, alimentarse de manera diferente y con ejercicio.

Las visitas frecuentes a su doctor,

o a su veterinario le ayudarán a usted y a su mascota, a controlar la diabetes.

Si usted tiene diabetes el médico le monitoreará su azúcar sanguínea para asegurarse de que no esté ni muy alta ni muy baja. Si usted tiene diabetes Tipo 1, usted puede utilizar insulina para controlar su glucosa sanguínea. La insulina únicamente se administra por inyección utilizando una aguja muy diminuta. A veces con diabetes Tipo 2, usted puede controlar su glucosa sanguínea con dieta y ejercicio. También, usted puede tomar una pastilla que le ayudará a reducir su glucosa sanguínea o inyectarse insulina.

Si su mascota tiene diabetes, usted tendría que cambiarle la dieta a su mascota y hacer que se ejercite más. Usted tendría que llevar a su mascota al veterinario para monitorear su glucosa sanguínea. Normalmente, usted le tendrá que inyectar insulina a su mascota.

¿Sabías que…?

La doctora veterinaria Stephanie Venn-Watson es la líder de un equipo de científicos de la Fundación Nacional de Mamíferos Marinos que investigan la diabetes en delfines. Estos científicos estudian cómo los delfines nariz de botella controlan la glucosa de su sangre para descubrir mejores maneras de ayudar a las personas con diabetes.

La investigación con delfines podría incluso ayudar a los científicos a desarrollar una prueba de aliento para la diabetes. Gracias al estudio de los delfines, se podría encontrar una cura para la diabetes en las personas.

Banco de palabras

células

diabetes

glucosa

inyectar

insulina

médico

la investigación

científico

veterinario

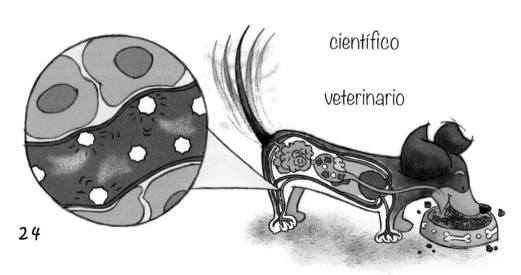

Dachshunds Get Diabetes, Too!

Written by
Sandra San Miguel
D.V.M., Ph.D.

Illustrated by
CA Nobens

PURDUE
UNIVERSITY

NIH SEPA

This Is How We "ROLE"

Inspiring Future Veterinarians

Dachshunds Get Diabetes, Too!

Written by: Sandra San Miguel, D.V.M., Ph.D.

Illustrated by: CA Nobens

Acknowledgments

The contents of this book were reviewed by J. Catharine Scott Moncrieff, M.A., Vet. M.B., M.S., DACVIM, DECVIM; Andrea Goldyn, M.D., DABP; Amy Wackerly, B.S. (Sports Management), B.S. (Elementary Education); Ann Mennonno, M.S.; Alejandro Cuza, Ph.D.; and Adrianne Fisch, B.S. (Consumer and Community Studies). Book design was by Allison Carey, B.A. (Fine Arts). Photographs provided by Seth Bossingham, Vincent Walter, and the National Marine Mammal Foundation. Translation by Mauricio de Gortari, D.V.M., M.Sc., Ph.D. and Julio Cesar Lopez Otero, M.A. We would also like to thank Peter Froehlich, director of Purdue University Press, and his team, Katherine Purple, Bryan Shaffer, Alexandra Hoff, Kelley Kimm, and Becki Corbin.

Summary

Diabetes mellitus or "sugar diabetes" can affect people and their animals.

The project described is supported by a Science Education Partnership Award (SEPA) from the Office of Research Infrastructure Programs (ORIP), a component of the National Institutes of Health (NIH). Its contents are solely the responsibility of the authors and do not necessarily represent the official views of ORIP or NIH.

NIH . . . *Turning Discovery Into Health*

ISBN 978-1-62671-068-9

Learn more about this project:
www.WeRoleLikeThis.org

Purdue University Science Education Partnership Award (SEPA), NIH

Table of Contents

What is diabetes?

The full scientific name for diabetes is "diabetes mellitus" or "sugar diabetes."

When you eat, the food gets turned into sugar that powers your body. The sugar travels to the different parts of your body in your blood, so we call it "blood sugar." The scientific name for "blood sugar" is blood glucose.

Your body is made up of tiny parts called cells. You have heart cells, muscle cells, skin cells—every part of your body has its own type of cell. Glucose needs to get inside your cells to power them up.

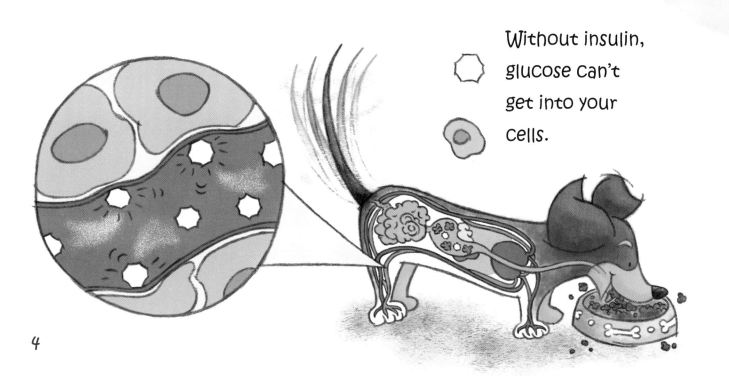

Without insulin, glucose can't get into your cells.

4

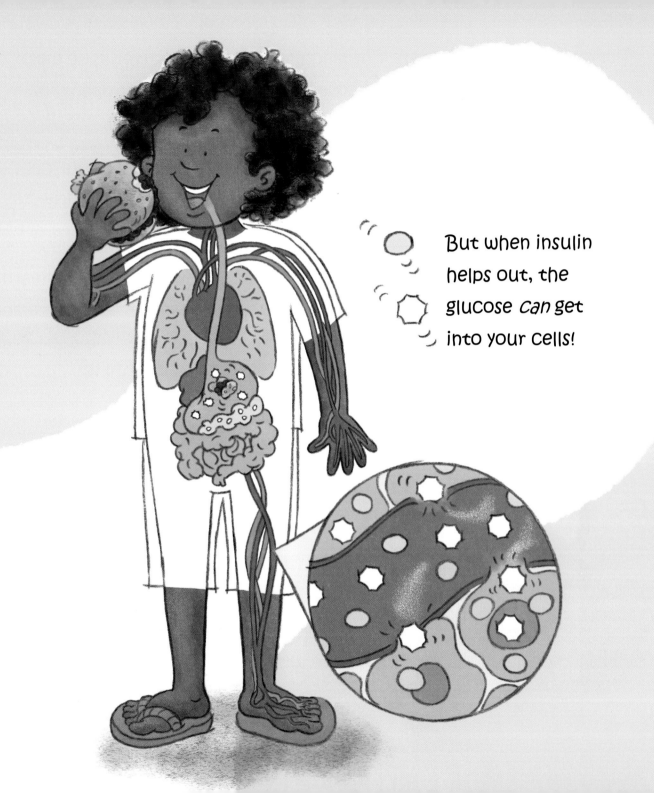

But when insulin helps out, the glucose *can* get into your cells!

Pretend that your cells are tiny machines that need batteries to work. The batteries are the glucose. Insulin is the key that opens the doors so you can put the batteries in the cell.

Sometimes there are problems and the glucose can't get into your cells. The glucose builds up in your blood and you get high blood sugar. This is called diabetes.

There are different kinds of diabetes. In this book, we are going to learn about two kinds of diabetes that people and their animals can get. Remember: even though people and their animals can both get diabetes, you can't give diabetes to your pet, and your pet can't give you diabetes.

Type 1 and Type 2 Diabetes

The first kind of diabetes is called Type 1 diabetes. Type 1 diabetes happens when your body doesn't make insulin, so the doors to the cell can't get unlocked to let the glucose in. Kids, dogs, and even cats can get Type 1 diabetes. There is nothing that kids or animals do to cause their diabetes. It just happens.

8

The second kind of diabetes is called Type 2 diabetes.
Type 2 diabetes happens when the cells don't have enough doors
to let the glucose in or the insulin key doesn't work to unlock the door.
This happens sometimes in adults, cows, and cats.

Clues of Diabetes

People and animals who have diabetes feel really hungry all the time, eat lots and lots of food, but still lose weight.

People and animals who have diabetes are also thirsty all the time, so they drink a lot. They also pee a lot because they are drinking so much.

You should see a doctor if you or your animal has clues of diabetes.
You would see a human doctor or a physician.

You would take your pet to see an animal doctor or a veterinarian.

What will happen at the doctor's office?

If you have clues of diabetes, your physician might ask:

1. How many times do you eat every day?

2. Are you losing weight?

3. How many times do you drink every day?

4. How much do you drink?

5. Do you have to pee all the time?

If your pet has clues of diabetes, your veterinarian might ask:

1. How many times does your pet eat every day?

2. Is your pet losing weight?

3. Is your pet drinking more water than usual?

4. How many times does your pet pee every day?

Next, the doctor might check some things.

The doctor will do a wellness exam on you or your pet.

The doctor might collect some blood to see if there is too much glucose in the blood. Sometimes the doctor might need to check for glucose in the blood a few times. The first time will be after you or your pet hasn't eaten for a while. The doctor may also check for glucose after you or your pet have eaten a big meal or have drunk a sugary drink.

SLURP!

What if I have diabetes or my pet has diabetes?

Diabetes can be controlled by using insulin, eating differently, and exercising.

Regular visits to the doctor for you,

and your veterinarian for your pet, will help control diabetes.

If you have diabetes, your physician will have you check your blood sugar to make sure it doesn't get too high or too low. If you have Type 1 diabetes, you can use insulin to control your blood sugar. Insulin is only given by injection using a very tiny needle. Sometimes with Type 2 diabetes, you can control your blood sugar with diet and exercise. Sometimes you can swallow a pill that will help lower your blood glucose. Sometimes you need to inject insulin.

If your pet has diabetes, you might have to change your pet's diet and have your pet exercise more. You might have to bring your pet to the veterinarian to check its blood sugar. Usually, you will need to inject your pet with insulin.

Did you know...?

Veterinarian Dr. Stephanie Venn-Watson leads a team of scientists at the National Marine Mammal Foundation who are researching diabetes with dolphins. These scientists are studying how bottlenose dolphins control their blood glucose to learn better ways to help people with diabetes.

The research with dolphins might even help scientists develop a breath test to check for diabetes. Studying dolphins could result in a cure for diabetes in people.

Word Bank

cells

diabetes

glucose

inject

insulin

physicians

research

scientists

veterinarians

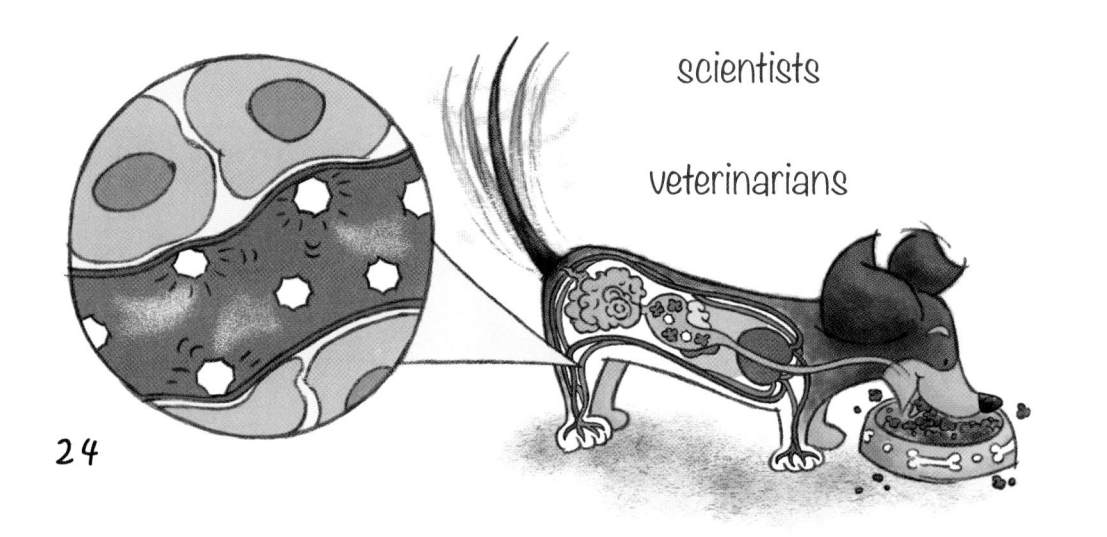